LE

DROIT CIVIL

RÉSUMÉ EN

TABLEAUX SYNOPTIQUES

PAR

A. WILHELM

HUITIÈME ÉDITION, REVUE ET CORRIGÉE

PRIX : **1 fr. 50**

PARIS

AUGUSTIN CHALLAMEL, ÉDITEUR

5, RUE JACOB, ET RUE DE FURSTENBERG, 2

Et chez tous les Libraires de Droit.

—

1891

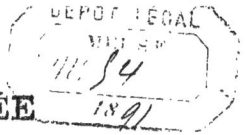

LE

DROIT CIVIL

RÉSUMÉ EN

TABLEAUX SYNOPTIQUES

PAR

A. WILHELM

HUITIÈME ÉDITION, REVUE ET CORRIGÉE

PRIX : **1 fr. 50**

PARIS

AUGUSTIN CHALLAMEL, ÉDITEUR

5, RUE JACOB, ET RUE DE FURSTENBERG, 2

Et chez tous les Libraires de Droit.

—

1891

AVERTISSEMENT.

Le présent Opuscule est destiné et dédié aux étudiants en droit; ils y trouveront, je l'espère, une facilité nouvelle pour la préparation de leurs examens et aussi un moyen aisé de graver d'une manière durable dans leur esprit les grands principes de notre droit civil.

J'ai, en effet, remarqué fréquemment que, soit par suite de l'imparfaite classification des textes de nos lois, soit en raison d'un manque de méthode dans leur manière de travailler, un grand nombre d'étudiants se chargent à grand'peine la mémoire d'une multitude de dispositions et de solutions, sans s'attacher à en retenir l'enchaînement rationnel. Or, le droit, une des nombreuses sous-divisions de la philosophie, est avant tout une science de raisonnement, dans l'étude de laquelle la mémoire ne doit jouer qu'un rôle secondaire ; méconnaître cette nécessité, c'est s'exposer, si l'on doit faire du droit une étude constante et professionnelle, à ne pouvoir coordonner qu'après un nouveau labeur de plusieurs années les connaissances que la pratique viendra révéler, ou, si l'on n'est venu chercher à l'école qu'un complément d'études, à n'en retenir trop souvent, au bout d'un certain temps, que quelques données vagues, insuffisantes à servir de guide dans les circonstances les plus ordinaires de la vie.

Pour obvier à ces inconvénients, j'ai résumé l'enseignement du droit civil en tableaux synoptiques reproduisant, dégagée de controverses secondaires et des détails de moindre importance, la charpente du code, dont l'économie, synthétisée sous une forme claire et précise, se gravera plus aisément par ce moyen dans l'esprit de l'étudiant et lui servira de base pour grouper et retenir les utiles leçons de ses professeurs et les enseignements qu'il aura puisés dans les traités spéciaux mis à sa disposition.

Tel est l'objet de ce petit ouvrage dont le premier fascicule comprend les matières du premier examen de baccalauréat en droit ; d'autres fascicules correspondent aux épreuves de deuxième et de troisième année.

L'auteur aura pleinement atteint le but pratique qu'il poursuivait, s'il est parvenu à faire un livre utile aux étudiants.

A. WILHELM

RÉPÉTITEUR DE DROIT.

N. B. — *Afin de ne point surcharger le texte des tableaux, chacun d'eux porte en tête l'énonciation des articles dont il présente le résumé : les lois modificatives et les articles empruntés à d'autres chapitres ont seuls été mentionnés en regard de la disposition qui s'y réfère.*

PRÉAMBULE.

Le droit français se divise, au point de vue historique, en 3 périodes :

1° le droit ancien, embrassant tous les actes législatifs antérieurs à 1789 ;

2° le droit intermédiaire, ensemble des lois intervenues depuis 1789 jusqu'à la promulgation du Code civil ;

3° le droit nouveau, comprenant les cinq codes et toutes les lois postérieures.

Sources du droit moderne :

droit romain, tel qu'il était appliqué dans les pays de droit écrit ;

coutumes, en usage dans les pays dits de droit coutumier (les principales étaient celles de Paris, d'Orléans, de Poitiers, etc.) ;

droit canonique ;

ordonnances royales ;

jurisprudence des parlements ;

actes législatifs émanés

- de l'Assemblée constituante,
- de l'Assemblée législative,
- de la Convention,
- des deux Conseils et du Directoire ;

travaux des jurisconsultes français, tels que Pothier, Cujas, Dumoulin, etc.

La France a été régie, depuis 1789, par 13 constitutions différentes :

1° constitution de 1791 ;

2° d° de 1793, ou de l'an II ;

3° d° du 5 fructidor an III, ou directoriale ;

4° d° du 22 frimaire an VIII, ou consulaire et plus tard impériale ;

5° charte constitutionnelle du 4 juin 1814 ;

6° acte additionnel du 22 avril 1815 ;

7° charte constitutionnelle de 1830 ;

8° constitution du 4 novembre 1848 ;

9° d° du 14 janvier 1852 devenue,

10° le 7 novembre 1852, la constitution impériale ;

11° le 4 septembre 1870, remise en vigueur de la constitution de 1848 ;

12° constitution du 25 février 1875 ;

13° révision partielle, 14-15 août 1884.

D'après la constitution du 25 février 1875, les lois

émanent
- de l'initiative du gouvernement représenté par un ministère responsable ;
- de l'initiative parlementaire.

sont
- votées successivement par la chambre des députés et le sénat, qui ont droit { de discussion, d'amendement.
- sanctionnées et promulguées par le Président de la République { dans les 3 jours, s'il y a eu urgence déclarée ; dans le mois, s'il n'y a pas eu déclaration d'urgence.
- soumises, s'il y a lieu, par un message motivé du Président, à une nouvelle délibération qui ne peut être refusée par les chambres.

CODE CIVIL

TITRE PRÉLIMINAIRE. — **De la Publication, des Effets et de l'Application des Lois en général** (ARTICLES 1-6).

Les lois

sont exécutoires en vertu de la promulgation, et exécutées

- dans le département où a lieu la promulgation
  - 1 jour après celui de la publication au *Journal officiel*. (Décret du 5 novembre 1870.)
- dans les autres départements
  - 1 jour franc après la réception, au chef-lieu, du *Journal officiel* qui les contient ; ou immédiatement en vertu d'une disposition spéciale. L'exception d'ignorance peut être alléguée durant 3 jours. (Même décret.)
- pour les lois non insérées au *Journal officiel*,
  - dans les délais de l'art. 1er du Code civil, à compter de l'insertion au *Bulletin des Lois*. (Ordonnance du 18 janvier 1817.)

de police et de sûreté, ou concernant les immeubles (1) } obligent tous ceux qui habitent le territoire.

concernant l'état et la capacité des personnes (1) } obligent les Français, même à l'étranger ; n'obligent pas les étrangers, même en France.

n'ont point, en principe, d'effet rétroactif, sauf (1) : } les lois de procédure et de compétence ; les lois criminelles qui adoucissent les pénalités édictées.

Les juges (1)
- ne peuvent refuser de juger sous prétexte de silence ou d'obscurité de la loi ;
- ne peuvent rendre d'arrêts de règlement ;
- ne doivent point avoir égard aux conventions contraires à l'ordre public et aux bonnes mœurs.

(1) Voir aux matières de l'examen de troisième année, page 38, l'explication des articles 2 à 5 du code civil.

LIVRE PREMIER. — DES PERSONNES

TITRE Iᵉʳ. — De la jouissance et de la privation des droits civils.

HAPITRE PREMIER. — *Jouissance des droits civils.* (ART. 7 à 16 ; loi du 26 juin 1889.)

La jouissance des droits civils, indépendante de la qualité de citoyen, appartient :

1° Aux Français d'origine, quel que soit le lieu de leur naissance :

— enfants légitimes d'un père français lors de la conception ;

— enfants naturels reconnus (1) durant leur minorité : par un père français *ou* par une mère française.

Nota : Si la filiation est établie à l'égard des deux, par actes séparés (2), l'enfant suivra la nationalité de celui qui l'aura reconnu *d'abord.*

2° Aux individus *nés en France* de parents inconnus ou dont la nationalité est inconnue ;

3° Aux individus *nés en France* d'un étranger *qui lui-même y est né.*

4° Aux étrangers admis *par faveur* à la nationalité française

de plein droit :

a) femme étrangère qui épouse un Français (art. 12) ;

b) tout individu *né en France* d'un étranger *et domicilié* en France lors de sa majorité (selon la loi française) ;
— *sauf réclamation* de la qualité d'étranger dans l'année qui suit cette majorité, et à la charge de prouver qu'il a conservé la nationalité étrangère et répondu à l'appel sous les drapeaux ; Art. 8. ☆

c) les *enfants mineurs* d'un étranger qui s'est fait naturaliser français ;

d) les *enfants mineurs* d'un Français naturalisé à l'étranger, puis réintégré français ; sauf réclamation contraire lors de la majorité, — comme ci-dessus. ☆

Sous condition d'une manifestation de volonté :

e) tout individu né en France d'un étranger et *non-domicilié* en France, lors de sa majorité :
— à condition qu'il réclame la qualité de Français entre 21 et 22 ans (3), et qu'il établisse son domicile dans l'année qui suit sa majorité ;
— ou qu'il prenne part aux opérations du recrutement sans opposer son extranéité ; Art. 9.

f) tout individu né d'un ex-français ou d'une ex-française (en France ou à l'étranger), sans condition d'âge, — à moins qu'il n'ait refusé de remplir le service militaire ;

g) la femme et les *enfants majeurs* d'un étranger qui s'est fait naturaliser français :
— soit par le décret de naturalisation du mari ou père,
— soit, plus tard, aux conditions de l'art. 9 *suprà.*

Nota : Cette naturalisation de faveur ne profite aux intéressés que pour l'avenir, et quant aux droits qui seront ouverts à leur profit depuis cette époque (art. 20).

5° Aux étrangers naturalisés

— après 3 ans de *domicile autorisé* en France (V. p. 9) ;
— après 10 ans de *résidence non-interrompue* en France (4) ;
— dans des cas exceptionnels (5) : après 1 an de domicile autorisé.
Il est statué sur la demande de naturalisation par un décret, après enquête sur la moralité.

6° Aux Français naturalisés à l'étranger et *réintégrés* dans leur qualité de Français :

à condition de résider en France, d'obtenir la réintégration par décret. Art. 18.

7° Aux descendants des familles proscrites lors de la révocation de l'édit de Nantes (loi du 15 déc. 1790 et loi du 26 juin 1889, art. 4).

---

(1) Que la reconnaissance soit volontaire, ou qu'elle résulte d'un jugement (reconnaissance forcée).

(2) Si la filiation résulte, à l'égard du père et de la mère, du même acte ou du même jugement, l'enfant suivra la nationalité du père.

(3) Avant la majorité de l'enfant, cette déclaration peut être faite par son père, ou par sa mère veuve, ou par son représentant légal.

(4) Est assimilé à la résidence en France le séjour en pays étranger pour l'exercice d'une fonction conférée par le gouvernement français.

(5) Sont admis à la *grande naturalisation* les étrangers qui ont : 1° rendu des services importants à la France ; 2° apporté des talents distingués ; 3° introduit une industrie ou des inventions utiles ; 4° créé des établissements industriels ou autres, ou des exploitations agricoles ; 5° ou qui ont été attachés, à un titre quelconque, au service militaire dans les colonies ou les protectorats français.

Jouissance du Droit civil. (Suite.)

L'autorisation de fixer son domicile en France (art. 13)
- est accordée par décret ; — est révocable par décret ;
- doit être renouvelée tous les 5 ans ;
- est le préliminaire de la naturalisation ;
- en cas de décès : — profite à la femme et aux enfants qui étaient mineurs lors du décret d'autorisation ;
- donne à l'étranger la jouissance de tous les droits civils ;
- le dispense de la caution *judicatum solvi* (v. *infrà*)

Les étrangers non admis à domicile
- peuvent être expulsés par simple arrêté ;
- ne peuvent agir en justice, comme demandeurs, que sous l'obligation de fournir la caution *judicatum solvi*, pour assurer le paiement des frais et des dommages-intérêts résultant du procès (1) ;
- jouissent des droits civils, sous condition de réciprocité diplomatique (**Controv.**) ;
- en matière de succession et de donation, ont la même capacité que les français (abrogation des art. 726 et 912 C. civ. par la loi du 14 juillet 1819).

Les droits politiques
- s'acquièrent et se conservent conformément aux lois constitutionnelles et électorales ;
- *Nota :* L'étranger naturalisé n'est éligible aux assemblées législatives que 10 ans après le décret de naturalisation ; à la différence des ex-français réintégrés qui redeviennent éligibles immédiatement.

CHAPITRE II. — *De la privation des droits civils.* (Art. 17 à 32.)

La privation des droits civils résulte de la perte de la qualité de Français :
- 1° acquisition d'une nationalité étrangère, — à moins qu'on ne soit encore soumis aux obligations du service militaire pour l'armée active (2) ;
- 2° réclamation d'extranéité, — dans les cas où la loi permet la naturalisation de faveur (v. page 8, *b, c, d*) ;
- 3° mariage d'une française avec un étranger, — à moins que la loi étrangère ne lui attribue pas la nationalité du mari ;
- 4° fonctions publiques à l'étranger conservées malgré l'injonction du gouvernement français ;

avec faculté de réintégration par décret, sous condition de résider en France.

- 5° service militaire pris à l'étranger, sans autorisation du gouvernement français

avec obligation, pour redevenir français, d'obtenir la naturalisation.

- *Autrefois*, elle résultait aussi de la *mort civile* — abolie par la loi du 31 mai 1854.

Les peines afflictives perpétuelles ont pour accessoire
- la *double incapacité* de disposer ou de recevoir par donation ou testament, — avec nullité du testament antérieur fait,
- jointe à la dégradation civique et à l'interdiction légale

remplaçant la mort civile.

Quant aux effets
- de la dégradation civique,
- de l'interdiction légale,
- de l'interdiction de certains droits civiques, civils et de famille,
- — Ces différentes peines n'enlèvent pas au condamné la jouissance, mais seulement l'*exercice* de ses droits.

V. tableaux synoptiques de droit criminel (pages 10, 11 et 12).

(1) A moins qu'ils ne possèdent en France des immeubles d'une valeur suffisante.
(2) En ce cas, la naturalisation à l'étranger ne fait perdre la qualité de français que si elle a été autorisée par le gouvernement français (art. 17).

TITRE II. — Des Actes de l'Etat civil (Art. 34-101).

1° DISPOSITIONS GÉNÉRALES :

Les actes de l'état civil

- sont reçus
  - par les maires ou leurs suppléants ; toutefois
    - sont valables les actes reçus pendant la guerre par tout individu exerçant de fait les fonctions municipales (Loi du 6 janvier 1872) ;
    - sont nuls les actes reçus à Paris pendant l'insurrection. (Loi du 19 juillet 1871.)
  - à l'étranger
    - dans les formes du pays ;
    - par les agents consulaires.
- énoncent la date et l'heure ; les prénoms, noms, âge, profession et domicile de tous les comparants.
- ne contiennent que ce qui doit être déclaré.
- exigent le concours de témoins mâles, majeurs, parents ou non, Français ou non.
- sont lus aux comparants.
- sont signés par l'officier de l'état civil et par les comparants.
- sont inscrits, sans blanc ni ratures, sur des registres
  - tenus doubles ;
  - cotés et paraphés par l'autorité judiciaire ;
  - publics.

Les registres inexistants ou détruits sont suppléés

- par preuves écrite ou testimoniale. (Voir l'art. 323.)
- par tous moyens de preuve, pour les actes détruits pendant la guerre. (Loi du 10 juillet 1871.)
- par tous moyens de preuve, pour les actes détruits pendant l'insurrection. (Loi du 12 février 1872.)
- par une procédure spéciale, pour le décès des militaires disparus pendant la guerre. (Lois des 13 janvier 1817 et 9 août 1871.)

Les actes sont rectifiés

- simultanément sur les doubles registres.
- par jugement, le ministère public entendu, sauf appel.
- à l'égard des seules parties en cause.

Les officiers de l'état civil

- sont civilement responsables, ainsi que tous dépositaires, des altérations survenues aux registres.
- sont passibles, en cas de contravention aux prescriptions des art. 34 à 49, d'une amende de 100 francs au plus.
- sont traduits, à raison de ces contraventions, devant le tribunal civil.
- encourent, pour inscriptions de leurs actes sur feuilles volantes, un emprisonnement de 1 mois à 3 mois et une amende de 16 à 200 francs. (Art. 192 du C. P.)

2° DISPOSITIONS SPÉCIALES :

Les actes de naissance

doivent être dressés, dans les 3 jours de l'accouchement, sur la déclaration (1)
- du père,
- des médecins et sages-femmes,
- des assistants,
- de la personne chez qui la femme est accouchée.

énoncent
- le jour, l'heure et le lieu de la naissance ;
- le sexe de l'enfant, qui doit être vérifié par l'officier de l'état civil ou par son mandataire.

sont dressés en mer
- à bord des bâtiments de l'Etat par l'officier d'administration ;
- à bord des navires de commerce, par le capitaine, maître ou patron ;
- dans les 24 heures et inscrits sur le rôle d'équipage. — Copie de l'acte est transmise au maire du domicile du père, ou de la mère si le père est inconnu.

Les actes de mariage énoncent ce qui a trait
- à l'identité des époux et comparants ;
- au consentement ou au conseil des père et mère ou ascendants ;
- aux publications et au régime matrimonial des époux ;
- à la constatation du consentement échangé par les époux devant l'officier de l'état civil.

Les actes de décès

sont dressés sur la déclaration
- de deux témoins parents ou voisins,
- des administrateurs, si le décès a eu lieu dans un hôpital, maison publique, etc.

énoncent
- la désignation de la personne décédée,
- autant que possible sa filiation et le lieu de sa naissance.

sont dressés en mer comme les actes de naissance et envoyés en copie au maire du dernier domicile du défunt.

Pour les militaires en campagne

ces actes sont dressés
- sur les registres tenus en simple expédition
  - par le quartier-maître (2),
  - par le commandant du détachement,
  - par l'inspectʳ aux revues (2) ;
- dans les 10 jours de l'accouchement ou du décès.

les publications de mariage sont faites
- au domicile des parties ;
- en outre, par la mise à l'ordre du jour, 25 jours avant la célébration.

---

(1) Les personnes dénommées à l'art. 56 du Code civil encourent, à défaut de déclaration, un emprisonnement de 6 jours à 6 mois et une amende de 16 à 300 francs. (Art. 346 du C. P.)

(2) Aujourd'hui par le major ou par les fonctionnaires de l'Intendance.

TITRE III. — Du Domicile (Art. 102-111).

Le domicile
- réel, lieu d'ouverture de la succession,
  - est au lieu du principal établissement établi par
    - déclaration formelle ;
    - les circonstances.
  - est établi par la Loi
    - pour le titulaire de fonctions publiques conférées à vie et irrévocables, — au lieu où elles sont exercées ;
    - pour la femme mariée, — au domicile du mari ;
    - pour le mineur non émancipé, — chez ses père et mère ou tuteur ;
    - pour le majeur interdit, — chez son tuteur ;
    - pour les domestiques (1), — chez leur maître.
- élu
  - résulte de déclaration expresse ;
  - est spécial à un acte ou à une série d'actes ;
  - modifie la compétence territoriale des tribunaux.

TITRE IV. — Des Absents (Art. 112-120 et 135-143).

Absence
- phases
  - 1° présomption d'absence durant
    - 10 ans, s'il y a un procureur fondé ;
    - 4 ans à défaut de procuration
      - nomination d'un administrateur, sur la demande des intéressés ;
      - nomination d'un notaire pour représenter les absents dans les
        - inventaires,
        - comptes,
        - partages,
        - liquidations.
  - 2° déclaration d'absence
    - jugement ordonnant
      - enquête dans l'arrondissement
        - du domicile,
        - de la résidence ;
      - publications ;
    - 1 an après ce jugement — déclaration d'absence.
  - 3° envoi en possession (2)
    - provisoire
      - dure 30 ans ou jusqu'à la 100e année de l'absent ;
      - donne droit de percevoir les fruits proportionnellement à la durée de l'absence.
    - définitif
      - acquisition des fruits ;
      - restitution possible du capital à l'absent ou à ses ayants-droit.
- effets
  - les droits de l'absent sont suspendus jusqu'à ce qu'on prouve sa vie ou sa mort ;
  - la succession ouverte à son profit est dévolue au degré subséquent, sauf répétition ;
  - l'époux peut demander l'envoi en possession provisoire ;
  - il ne peut contracter un second mariage ;
  - s'il en contracte un en fait, l'absent pourra seul en demander la nullité ;
  - la mère exerce la puissance paternelle ;
  - à son défaut, 6 mois après la disparition du père, la surveillance des enfants mineurs est confiée par le conseil de famille aux ascendants ou à un tuteur ad hoc ;
  - il est procédé de même, si l'absent a laissé des enfants issus d'un précédent mariage.

(1) En cas de concours entre plusieurs domiciles légaux, la préférence appartient à celui où les biens sont administrés.
(2) Matières comprises dans le programme du quatrième examen.

TITRE V. — Du Mariage.

CHAPITRE I. — *Des Qualités et des Conditions requises pour contracter Mariage* (ART. 144-164).

Les empêchements au mariage résultent

de l'âge : l'homme doit avoir 18 ans révolus, la femme 15 ans au moins, } sauf dispenses.

de la parenté ou de l'affinité :
- en ligne directe, le mariage est interdit à l'infini entre parents légitimes ou naturels et entre alliés.
- en ligne collatérale, il est interdit entre :
  - frères et sœurs légitimes ou naturels ;
  - beaux-frères et belles-sœurs,
  - oncles et nièces,
  - tantes et neveux,
  - grands-oncles et petites-nièces, } sauf dispenses.
- Il est interdit entre certains parents adoptifs. (Art. 348.)

d'une situation spéciale :
- mariage antérieur non dissous ;
- veuvage de la femme pendant 10 mois (art. 228) ;
- ordination des prêtres (arrêt de cassation du 21 février 1833) ;
- qualité de militaire ou marin, à moins qu'il n'y ait autorisation hiérarchique. (Décret du 16 juin 1808.)

du défaut de consentement :
- de l'un des époux ;
- des père et mère au mariage (1) :
  - de leur fils âgé :
    - de 18 à 25 ans, — le consentement du père seul suffit, mais est indispensable ;
    - de 25 à 30 ans, — il peut être passé outre, après que leur conseil a été requis 3 fois ;
    - de 30 ans et plus, — il est passé outre après un acte respectueux.
  - de leur fille âgée :
    - de 15 à 21 ans, — le consentement du père seul suffit, mais est indispensable ;
    - de 21 à 25 ans, — il peut être passé outre après que leur conseil a été requis 3 fois ;
    - de plus de 25 ans, — il est passé outre après un seul acte respectueux.
- des ascendants à défaut des père et mère :
  - mêmes règles que pour les père et mère.
  - le partage entre les deux lignes emporte consentement.
- du conseil de famille à défaut d'ascendants : il n'y a lieu de le consulter, pour les filles comme pour les garçons, que jusqu'à 21 ans.
- d'un tuteur *ad hoc*, pour les enfants naturels non reconnus et âgés de moins de 21 ans.

(1) Dispositions applicables aux père et mère des enfants naturels reconnus.

CHAPITRE II. — *Des Formalités relatives à la célébration du Mariage* (ART. 165-171).

Formalités du mariage

en France
- 1° avant : 2 publications (sauf dispense), au domicile de chacune des parties et au domicile de ceux dont le consentement est requis.
- 2° pendant : le mariage doit être célébré publiquement ; par l'officier de l'état civil du domicile de l'une des parties.

à l'étranger
- avant : 2 publications dont l'omission est un empêchement dirimant (1), prohibitif.
- pendant : le mariage est célébré dans la forme usitée dans le pays, ou devant l'agent consulaire français.
- après : dans les trois mois du retour en France, l'acte de mariage doit être transcrit sur les registres de l'état civil. (L'omission de cette formalité, dépourvue de sanction directe, fait obstacle à ce que les conventions matrimoniales soient opposables aux tiers.)

CHAPITRE III. — *Des Oppositions au Mariage* (ART. 172-179).

L'opposition au mariage

peut être formée
- en tout état de cause par l'époux de l'un des futurs, par le ministère public, pour empêcher le crime de bigamie ;
- subsidiairement les uns aux autres, par :
  - le père, la mère, les ascendants, pour tous motifs et quel que soit l'âge des futurs ;
  - les parents jusqu'au quatrième degré, à défaut de consentement du conseil de famille ; en cas de démence, avec charge de provoquer et de faire prononcer l'interdiction ;
  - le tuteur ou curateur autorisé par le conseil de famille.

exige les formes suivantes :
- l'acte d'opposition doit contenir, à peine de nullité et de destitution de l'officier ministériel signataire, la qualité de l'opposant ; élection de domicile au lieu de célébration du mariage ; les motifs de l'opposition, sauf pour les ascendants.
- l'instance est jugée dans les 10 jours, par le tribunal de première instance ; dans les 10 jours, par la Cour d'appel.
- les frais sont à la charge des condamnés, sauf le cas de compensation des dépens.
- des dommages-intérêts peuvent être imposés à tous autres qu'aux ascendants.

---

(1) Cette question, controversée dans la jurisprudence, semble devoir être résolue dans le sens le plus rigoureux, par la double raison que le texte de l'article 170 est formel et que le Législateur paraît avoir attaché à l'inobservation de cette règle une sorte de présomption de clandestinité.

CHAPITRE IV. — *Des Demandes en nullité de Mariage* (ART. 180-193 et 198-202).

Empêchements dirimants

Nullités absolues basées sur

le défaut d'âge : invocable par les époux, tous intéressés, et le ministère public, mais non par ceux qui ont autorisé le mariage; — nullité couverte lorsqu'il s'est écoulé 6 mois depuis que l'âge est atteint, ou lorsque la femme, âgée de moins de 15 ans, a conçu avant les 6 mois.

un précédent mariage non dissous, à charge d'en prouver la validité, la parenté au degré prohibé, l'alliance au degré prohibé, l'absence de consentement (art. 146) (erreur sur la personne physique), l'absence de publicité, le défaut de compétence de l'officier de l'état civil, — invocables par les epoux; les intéressés et le Ministère public.

Nullités relatives basées sur

un consentement vicié par : la violence, l'erreur sur les qualités substantielles de la personne, — invocables par l'époux victime de la violence ou de l'erreur, — couvertes par 6 mois de cohabitation depuis la cessation de la violence ou l'erreur; non susceptibles de ratification expresse.

un consentement incomplet résultant : du défaut de consentement des parents, ascendants, etc., — invocable : par l'époux non assisté pendant un an à compter du jour où l'âge est atteint; — par celui dont le consentement a été omis, sauf le cas de ratification expresse ou tacite, pendant un an depuis qu'il a eu connaissance du mariage.

Empêchements prohibitifs

défaut ou imperfection des publications (1); une opposition régulière en la forme, tant qu'il n'en est pas donné main-levée; inobservation du délai de veuvage de la femme; second mariage de l'époux d'un absent tant qu'il est réputé tel.

Le mariage annulé produit ses effets civils : en faveur des enfants qui en sont issus, si l'un des époux au moins était de bonne foi; en faveur de celui ou de ceux des époux qui étaient de bonne foi.

Pénalités encourues par l'officier de l'état civil

pour défaut de consentement des parents (art. 193 du C. P.), amende de 16 à 300 francs, emprisonnement de 6 mois à une année;

pour défaut d'actes respectueux, amende de 300 francs au plus, emprisonnement de 1 mois au moins;

pour défaut de publications ou de dispenses, — amende de 300 francs au plus;

pour inobservation du délai de veuvage de la femme, —amende de 16 à 300 francs. (Art. 194 du C. P.)

(1) Il est prononcé, dans ce cas, contre les contractants ou ceux qui les ont autorisés, une amende proportionnée à leur fortune.

De la Possession d'Etat (Art. 194-197 et 319-330).

La preuve du mariage résulte
- directement de la représentation d'un acte de célébration inscrit sur le registre de l'état civil ;
- indirectement d'une procédure criminelle.

La possession d'état d'époux
- est créée par les intéressés, et, par suite, sans valeur directe ;
- ne dispense pas les époux de représenter l'acte de mariage ;
- rend les époux non recevables à demander la nullité de l'acte de mariage qui est produit ;
- peut être opposée par leurs enfants, si
  - les époux sont décédés,
  - ces enfants ont la possession d'état d'enfants légitimes,
  - l'acte de naissance n'y contredit pas.

La preuve de la filiation légitime résulte
- de la production d'un acte de naissance inscrit sur le registre de l'état civil ;
- de la possession constante de l'état d'enfant légitime caractérisé par
  - port du nom du père ;
  - éducation, entretien et établissement ,
  - présentation comme fils
    - dans la famille,
    - dans la société.

La possession d'état d'enfant légitime
- est créée par les père et mère et par la famille, c'est-à-dire par ceux qui auraient intérêt à nier la légitimité de l'enfant ;
- jointe à un titre de naissance conforme, rend la légitimité inattaquable ;
- peut être suppléée, à défaut de titre, par la preuve testimoniale , moyennant les conditions suivantes :
  - un commencement de preuve par écrit
    - registres et papiers domestiques des parents,
    - acte quelconque émané , d'une partie ayant un intérêt contraire ;
  - ou présomptions et indices graves résultant de faits dès lors constants ;
  - la preuve contraire peut être faite par tous moyens;
  - la présomption de paternité n'est pas applicable.

L'action en réclamation d'état
- est portée devant les tribunaux civils ;
- est imprescriptible à l'égard de l'enfant ;
- peut être suivie par les héritiers,
  - si elle a été intentée par l'enfant, et qu'elle ne soit pas périmée ;
  - s'il est décédé mineur ou dans les cinq années de sa majorité.

CHAPITRE V. — *Des Obligations qui naissent du Mariage* (ART. 203-211).

Obligations des époux à l'égard de leurs enfants
- nourriture,
- entretien,
- éducation,
- mais non pas établissement, ni dot.

L'obligation alimentaire
- existe entre
  - enfants et ascendants ;
  - gendres, brus, beaux-pères et belles-mères, sauf
    - lorsque la belle-mère se remarie ;
    - après la mort de l'époux, cause de l'affinité, et de ses enfants.
- est proportionnée à la situation réciproque du débiteur et du créancier ;
- peut être modifiée suivant les circonstances ;
- peut être payée en nature
  - par le père ou la mère, s'ils le jugent convenable ;
  - par tout autre, s'il ne peut faire autrement et si les tribunaux l'y autorisent.

CHAPITRE VI. — *Droits et Devoirs respectifs des époux* (ART. 212-226).

Devoirs réciproques des époux
- fidélité ;
- secours — aide matérielle et pécuniaire ;
- assistance — soins d'affection et de dévouement.

Devoirs spéciaux
- du mari
  - protection à sa femme ;
  - obligation de la recevoir ;
  - nécessité de lui fournir ce qui est nécessaire à son existence.
- de la femme
  - obéissance à son mari ;
  - obligation de cohabitation ;
  - obligation de suivre son mari dans ses résidences.

Incapacité de la femme
- bases
  - devoir d'obéissance ;
  - nécessité d'assurer l'unité d'administration des biens.
- étendue
  - pour ester en justice l'autorisation du mari
    - n'est pas nécessaire à la femme poursuivie en matière criminelle ou de police ;
    - est nécessaire en matière civile ;
    - peut être suppléée par celle du juge, si le mari
      - a refusé pour un motif reconnu insuffisant,
      - est condamné à une peine criminelle,
      - est interdit ou absent,
      - est mineur (1).
  - pour aliéner ou acquérir à titre gratuit, onéreux ou indirect,
    - le mari doit consentir à l'acte ;
    - en cas de refus ou d'impossibilité de consulter le mari, le juge peut autoriser la femme en connaissance de cause.
  - la femme, munie d'une autorisation générale, peut administrer ses biens, mais non en disposer.
  - la femme, devenue marchande publique avec le consentement de son mari, s'oblige valablement, ainsi que ce dernier, pour ce qui concerne son négoce.
  - la femme peut tester seule.

(1) Dans le premier cas, le mari doit être interdit ; dans les trois autres, il n'est pas consulté.

TITRE VI. — Du divorce et de la séparation de corps (ART. 229-311).

Procédure du divorce (ART. 234 à 252). *Loi du 18 avril* 1886.

Divorce

historique
- très usité en droit romain ;
- remplacé dans l'ancien droit par la séparation de corps ;
- rétabli le 20 septembre 1792, en 3 cas { faits déterminés, consentement mutuel, incompatibilité d'humeurs ;
- restreint par le code à 2 cas { cause déterminée, consentement mutuel ;
- aboli par la loi du 8 mai 1816 ;
- rétabli par la loi des 27-29 juillet 1884.

causes
- adultère de la femme ;
- adultère du mari, *sans autre condition* ;
- excès, sévices, injures graves ;
- condamnation à une peine *afflictive* et infamante.

procédure (18 *avril* 1886)
- requête présentée au président par le demandeur en personne ;
- comparution des deux époux devant le président (tentative de conciliation) ;
- ordonnance { permettant de citer ; statuant sur les mesures provisoires : résidence de la femme, pension alimentaire, garde des enfants ;
- dans les 20 jours de l'ordonnance, citation à comparaître ;
- cause instruite et jugée dans la forme ordinaire, ministère public entendu ; — enquêtes ordinaires, c'est-à-dire devant un seul juge ; — audience publique, sauf huis clos. — *Nota :* interdiction de reproduire les débats par la voie de la presse ;
- le tribunal peut imposer aux époux un temps d'épreuve de 6 mois ;
- jugement qui prononce le divorce { *transcrit* sur les registres de l'état civil ; *mentionné* en marge de l'acte de mariage ;
- l'époux demandeur peut transformer la demande de divorce en demande de séparation (mais non *vice-versa*) ;
- l'époux défendeur peut former demande *reconventionnelle,* même en appel ;
- dispositions spéciales et délais exceptionnels pour le cas de *défaut*.

effets
- dissolution du mariage ;
- liquidation du régime matrimonial ;
- perte de tous les avantages matrimoniaux, } pour l'époux
- déchéance de la garde des enfants, } coupable.
- impossibilité de se marier avec son complice, }

Séparation de corps

historique
- n'a jamais coexisté avec le divorce si ce n'est sous le code civil et jusqu'à la loi du 8 mai 1816 ;
- a été réglementée à nouveau par la loi des 27-29 juillet 1884 sur le divorce.

causes
- les mêmes que les causes du divorce.

procédure
- requête présentée au président par l'avoué de l'époux demandeur ;
- comparution des deux époux devant le président (conciliation) ;
- ordonnance { permettant de citer ; statuant sur les mesures provisoires (résidence, enfants, pension) ;
- citation à comparaître (sans délai obligatoire) ;
- affaire instruite et jugée dans la forme ordinaire, ministère public entendu ; enquêtes, etc.

effets
- relâche le lien conjugal sans le rompre ;
- dispense les époux de la cohabitation ;
- affaiblit la présomption de paternité (loi du 6 décembre 1850) ;
- entraîne la séparation de biens ;
- laisse subsister l'incapacité de la femme mariée ;
- permet au bout de trois ans une demande en conversion à l'effet de divorcer ;
- cesse par la réconciliation des époux.

TITRE VII. — De la Paternité et de la Filiation.

CHAPITRE I. — *De la Filiation des enfants légitimes ou nés dans le Mariage* (ART. 312-318).

L'enfant conçu pendant le mariage a pour père le mari.

Cas de désaveu (1)

1° enfant conçu avant et né pendant le mariage (2) — le désaveu est recevable si l'enfant est né avant le 180° jour du mariage, sauf :
- si le mari a su la grossesse ;
- s'il a concouru à l'acte de naissance ;
- s'il a renoncé expressément au désaveu.

2° enfant conçu et né pendant le mariage
- impossibilité physique de cohabitation résultant de
  - éloignement forcé ;
  - accident chirurgical.
- séparation de corps
  - enfant né 300 jours après l'ordonnance du Président, ou moins de 180 jours depuis la réunion de fait ou de droit.
- adultère judiciairement prouvé et recel de la naissance
  - le mari est admis à alléguer toutes preuves. (Impossibilité *morale* de cohabitation.)

3° enfant né depuis la dissolution du mariage — si la naissance est postérieure au 300° jour, sa légitimité peut être contestée par les intéressés. — Les tribunaux ne peuvent méconnaître la présomption légale de non-paternité, si elle est alléguée.

L'action est prescrite

pour le mari
- présent — par 1 mois à dater de la naissance ;
- absent — par 2 mois à dater de son retour ;
- ignorant la naissance — par 2 mois à dater de la connaissance qu'il en acquiert.

pour les héritiers (si le mari était encore en droit d'agir) — par 2 mois à dater du trouble pécuniaire qui leur est causé par l'enfant.

Ces délais peuvent être allongés de 1 mois par un acte extra-judiciaire.

---

(1) On nomme plus spécialement : « action en désaveu » celle qui est exercée par le mari contre un enfant régulièrement placé sous la présomption de paternité. Dans les autres cas, il y a « action en contestation de légitimité ».

(2) L'enfant né moins de 180 jours après le mariage et non désavoué est-il légitime ou légitimé ? Outre l'intérêt successoral qui peut être en jeu, la première interprétation accorde aux enfants adultérins ou incestueux la légitimité qu'on doit leur refuser si l'on adopte la seconde opinion : la solution la plus conforme à l'esprit du Code semble être d'admettre une sorte de légitimation tacite.

CHAPITRE III. — *Des Enfants naturels* (ART. 331-342).

Les enfants naturels

— **nés d'un commerce incestueux ou adultérin**
- ne peuvent être légitimés,
- ni reconnus,
- ni admis à la recherche de la paternité ou de la maternité.

— **simples**

- peuvent être légitimés par le mariage subséquent de leurs père et mère, pourvu qu'ils soient reconnus avant le mariage ou dans l'acte ;
- peuvent être légitimés, même après leur mort, s'ils ont laissé des descendants ;
- peuvent être reconnus
  - dans leur acte de naissance ;
  - par un acte authentique.
- **la reconnaissance**
  - peut être contestée par tout intéressé ;
  - donne des droits inférieurs à ceux des enfants légitimes ;
  - faite pendant le mariage par un des époux, est de nul effet contre l'autre époux et contre les enfants issus de ce mariage.
- **sont admis à la recherche**
  - **de la paternité**
    - seulement contre le ravisseur, si l'époque du rapt concorde avec celle de la conception présumée.
  - **de la maternité**
    - à charge de prouver l'identité ;
    - à l'aide de la preuve testimoniale ;
    - à la condition d'avoir un commencement de preuve par écrit.

TITRE VIII. — De l'Adoption et de la Tutelle officieuse.

CHAPITRE I. — *De l'Adoption* (Art. 343-360).

Conditions requises

pour adopter
- avoir 50 ans révolus ;
- avoir 15 ans de plus que l'adopté ;
- n'avoir ni enfants ni descendants légitimes ;
- en cas de mariage avoir le consentement de son conjoint.

pour être adopté
- être majeur ;
- jusqu'à 25 ans, quel que soit le sexe, avoir le consentement des père et mère ;
- au-delà de 25 ans, requérir leur conseil ;
- avoir reçu des soins de l'adopté en minorité pendant 6 ans ;
- avoir sauvé la vie de l'adoptant.
- (Dans ce dernier cas l'adoption est qualifiée *rémunératoire* et, comme condition d'âge, il suffit que l'adoptant soit majeur et plus âgé que l'adopté.)

Effets
- addition du nom de l'adoptant à celui de l'adopté ;
- empêchement au mariage entre certains parents adoptifs ;
- maintien de la parenté naturelle avec tous ses effets ;
- obligation alimentaire entre l'adoptant et l'adopté :
- droits d'enfants légitimes pour l'adopté sur la succession de l'adoptant, mais non sur celle des parents de ce dernier ;
- droit de retour
  - au profit de l'adoptant ou de ses descendants, sur les choses provenant de l'adoptant et retrouvées en nature dans la succession de l'adopté mort sans postérité ;
  - au profit de l'adoptant seul, sur les mêmes objets recueillis dans la succession des descendants de l'adopté.

Formes
- présentation devant le juge de paix qui dresse acte du consentement respectif des parties ;
- dans les 10 jours, cet acte est soumis à l'homologation du tribunal du domicile de l'adoptant ;
- le tribunal
  - vérifie
    - si les conditions légales sont remplies ;
    - si l'adoptant jouit d'une bonne réputation ;
  - statue par un jugement non motivé ;
- dans le mois, le jugement est soumis à la Cour d'appel ;
- la Cour statue par un arrêt non motivé qui est publié par voie d'affiches ;
- dans les 3 mois qui suivent, l'adoption doit être inscrite sur les registres de l'état civil ;
- si l'adoptant meurt au cours de la procédure, elle est continuée et ses héritiers peuvent y contredire par écrit.

CHAPITRE II. — *De la Tutelle officieuse* (ART. 361-370).

Conditions requises
- de la part du tuteur officieux
  - 50 ans au moins ;
  - ni enfants ni descendants légitimes ;
  - consentement de son époux ;
- de la part du pupille
  - consentement de ceux qui ont autorité sur lui.
  - moins de 15 ans.
- acte dressé par le juge de paix du domicile de l'enfant.

Effets
- obligation pour le tuteur
  - d'assurer l'éducation du pupille ;
  - de gérer gratuitement les biens du pupille ;
- possibilité, après 5 ans de tutelle, de conférer l'adoption testamentaire ;
- si le tuteur meurt avant les 5 ans, il est pourvu aux besoins du pupille durant sa minorité ;
- à la majorité du pupille, il peut être adopté dans les formes légales ;
- dans les 3 mois qui suivent cette majorité, si le tuteur refuse l'adoption et que le pupille soit hors d'état de gagner sa vie, le tuteur est obligé de l'indemniser de cette situation.

TITRE IX. — De la Puissance paternelle (Art. 371-387).

L'enfant doit à ses père et mère
- à tout âge { honneur, respect ;
- jusqu'à sa majorité ou son émancipation, obéissance.

Le père a (1), sur son enfant légitime ou naturel reconnu, les droits

de garde :
- l'enfant ne peut quitter la maison paternelle ;
- il peut y être ramené *manu militari* ;

d'éducation :
- le père peut se charger lui-même de cette mission, ou faire choix de personnes appelées à le suppléer ;

de correction

par voie d'autorité
- si l'enfant a moins de 16 ans commencés ;
- l'ordre d'arrestation ne peut être refusé, mais la détention ne peut excéder 1 mois.

par voie de réquisition
- si l'enfant est dans sa seizième année ;
- si le père est remarié, quel que soit l'âge de l'enfant ;
- si l'enfant a des biens personnels ou exerce un état ;
- l'ordre d'arrestation est donné ou refusé après examen ;
- la détention peut aller jusqu'à 6 mois.

le père
- doit s'engager { à payer les frais, à fournir les aliments ;
- peut toujours mettre fin à la détention (droit de grâce).

l'enfant peut adresser un mémoire au Procureur général, et le Président de la Cour d'appel, après enquête, peut révoquer ou modifier l'ordre d'arrestation sur réquisition.

La mère
- survivante et non remariée { exerce la correction par voie de réquisition, avec le concours des deux plus proches parents paternels ; à défaut de parents, de deux amis du père (Art. 409).
- remariée, est déchue de tout droit de correction ;
- en cas d'absence, de folie ou de détention du mari, est assimilée à la mère survivante et non remariée (art. 141);
- jouit du droit de grâce qui est de l'essence du droit de correction (2).

L'usufruit légal des biens des enfants

est accordé
- au père durant le mariage,
- au survivant des père et mère, lors de sa dissolution,
- à la mère, en cas d'absence, de folie ou de détention du père (2),

jusqu'à 18 ans ou jusqu'à l'émancipation.

est refusé à la mère en cas de second mariage.

ne s'étend pas aux biens
- provenant du travail des enfants ;
- qui sont légués aux enfants à la condition que les père et mère n'en jouiront pas ;
- d'une succession dont les parents ont été écartés comme indignes (Art. 730).

a pour charges, en outre de celles des usufruitiers,
- l'éducation des enfants selon *leur fortune* (voir art. 203) ;
- le paiement des intérêts ou arrérages en retard ;
- les frais funéraires et de dernière maladie de la personne à qui a succédé le mineur.

---

(1) Depuis l'abolition de la mort civile, il semble impossible, faute de texte précis et quelque fâcheux que soit ce résultat, de déclarer déchu de la puissance paternelle le père de famille qui a encouru une peine afflictive et infamante perpétuelle.

(2) Questions controversées.

TITRE X. — De la Minorité, de la Tutelle et de l'Emancipation.

CHAPITRE I ET II. — *Minorité et Tutelle* (ART. 388-475).

Mineur — tout individu de l'un et de l'autre sexe âgé de moins de 21 ans accomplis.

Tutelle

du père

durant le mariage
- il est administrateur des biens de ses enfants mineurs ;
- il est comptable de tous les biens, sauf des revenus dont il a l'usufruit légal ;
- aucun texte spécial ne détermine l'étendue de ses pouvoirs, qui sont analogues à ceux d'un tuteur.

après la dissolution du mariage
- il est de plein droit tuteur de ses enfants mineurs et non émancipés ;
- il lui est nommé un subrogé-tuteur (art. 420).

de la mère survivante

avec faculté de lui adjoindre un conseil
- responsable ;
- nommé par le père : pour tous les actes de tutelle, pour quelques-uns seulement ;
- nommé : par testament, par acte authentique ;

et enceinte, — il est nommé un curateur au ventre qui, à la naissance de l'enfant, est de droit subrogé-tuteur.

elle n'est point tenue d'accepter la tutelle, mais doit en remplir les devoirs jusqu'à son remplacement.

si elle se remarie
- elle doit convoquer le conseil de famille qui décide si la tutelle lui sera conservée ;
- si elle est maintenue dans la tutelle, elle doit avoir pour cotuteur son second mari qui est solidairement responsable à compter du mariage ;
- à défaut de convocation du conseil, la mère perd de plein droit la tutelle, mais peut être renommée par le conseil de famille ; son mari est solidairement responsable de la gestion, même antérieure au mariage.

déférée par le dernier mourant des père et mère

est déférée
- par testament,
- par acte authentique,
- même à un étranger, qui n'est obligé d'accepter qu'à défaut de parents ou d'alliés (art. 432).

si ce droit est exercé par la mère remariée
- et non maintenue tutrice, la nomination est sans effet ;
- et maintenue tutrice : la désignation n'est valable que confirmée par le conseil de famille ; la désignation non approuvée par le conseil écarte les ascendants de la tutelle.

des ascendants appartient de plein droit
- à défaut de tuteur désigné par les père et mère, à l'aïeul le plus proche en degré, l'ascendant paternel étant toujours préféré ;
- s'il y a concours entre deux bisaïeuls de la ligne maternelle, le conseil de famille désigne l'un des deux.

De la *Tutelle* (Suite).

Tutelle déférée par le conseil de famille

composé

du juge de paix, président, avec voix délibérative et prépondérante ;

de 6 membres

pris moitié dans chaque ligne en appelant les degrés les plus proches

sans limitation du nombre pour

les frères germains, les ascendantes veuves, les ascendants excusés ou non de la tutelle ;

choisis dans un rayon de 2 myriamètres ou, à défaut, à de plus grandes distances ou parmi les amis des père et mère ;

assemblé

chez le juge de paix, à moins qu'il ne désigne un autre local ;

valablement avec l'assistance des 3/4 au moins des membres convoqués.

si le mineur a des biens dans les colonies, il lui est nommé un protuteur dont la gestion est indépendante.

Le tuteur administre

du jour de sa nomination, s'il est présent ;

du jour où sa qualité de tuteur lui est connue ou notifiée.

Causes

de dispense

au début

grands fonctionnaires de l'Etat, ministres, etc. ;

les membres des Cours de cassation et des comptes ;

les préfets ou tous citoyens exerçant, hors du département où la tutelle s'établit, une fonction publique exigeant résidence ;

les militaires en activité et tout individu en mission hors du territoire ;

l'individu

étranger à la famille, lorsqu'il existe dans le rayon de 4 myriamètres un parent ou allié en état d'être tuteur ;

âgé de 65 ans accomplis ;

atteint d'une infirmité grave et justifiée ;

déjà chargée

de deux tutelles différentes, d'une tutelle et d'une famille en qualité d'époux ou de père, sauf pour la tutelle de ses enfants ;

qui a cinq enfants légitimes vivants, ou morts à l'armée, ou ayant laissé des enfants qui survivent ;

les motifs doivent être proposés

immédiatement si le tuteur est présent ;

dans les 3 jours, plus 1 jour par 5 myriamètres, s'il est absent.

au cours de la tutelle

acceptation d'une mission ou fonction entraînant dispense de tutelle, à charge de provoquer le remplacement dans le mois ;

âge de 70 ans ;

survenance d'une infirmité grave et justifiée ;

(la survenance d'enfant n'autorise pas à abdiquer la tutelle).

d'incapacité

les mineurs, sauf le père ou la mère ;

les interdits ;

les femmes autres que la mère et les ascendantes ;

les individus contestant judiciairement, par eux-mêmes ou par leur père ou mère, l'état de fortune du mineur ;

De la Tutelle (Suite).

Causes

- **d'exclusion**
  - condamnés à une peine criminelle, **sauf pour la tutelle de leurs enfants** (art. 34 du C. P.);
  - condamnés à une peine correctionnelle, avec adjonction de l'interdiction des droits mentionnés en l'art. 42 du Code pénal;
  - gens d'une inconduite notoire;
  - individus précédemment exclus ou destitués d'une autre tutelle (extension de l'art. 443);

- **de destitution**
  - condamnés à une peine criminelle, sauf pour la tutelle de leurs enfants;
  - gens d'une inconduite notoire;
  - tuteurs dont l'administration atteste l'incapacité ou l'infidélité;
  - elle est prononcée par le conseil de famille et homologuée par le tribunal.

Devoirs du tuteur

- **dans les 10 jours de son entrée en fonctions,**
  - il requiert la levée des scellés, s'ils ont été apposés;
  - il fait procéder à l'inventaire des biens du mineur en présence du subrogé-tuteur;
  - il déclare, à peine de déchéance et sur interpellation spéciale, les créances qu'il a contre le mineur.

- **il fait régler par le conseil de famille**
  - la dépense annuelle du mineur (sauf les père et mère);
  - le nombre d'auxiliaires salariés dont il est autorisé à s'entourer;
  - la somme au delà de laquelle il sera tenu de faire, dans les 6 mois, emploi de l'excédant des revenus;
  - le nombre de meubles qu'il y a lieu de conserver pour l'usage du mineur.

- **dans le mois qui suit la clôture de l'inventaire**
  - il fait vendre les meubles (1)
    - en présence du subrogé-tuteur;
    - aux enchères publiques, après publication et affiches;
    - à l'exception de ceux dont le conseil de famille a autorisé la conservation;

- **au cours de la tutelle il doit**
  - prendre soin de la personne du mineur;
  - le représenter dans tous les actes civils;
  - administrer ses biens en bon père de famille;

Pouvoirs du tuteur

- **il ne peut**
  - devenir ni créancier ni débiteur du mineur;
  - aliéner à titre gratuit les biens du mineur.

- **agissant seul, il peut**
  - percevoir les revenus et en régler l'emploi dans les limites fixées par le conseil de famille au début de la tutelle;
  - passer des baux n'excédant pas 9 années;
  - répondre à une demande en partage dirigée contre le mineur;
  - vendre des titres de rente sur l'État jusqu'à concurrence de 50 francs de revenu (**voir** *nota* à la **page suivante**);
  - faire tous actes de pure administration.

- **avec l'autorisation du conseil de famille, il peut**
  - répudier ou accepter sous bénéfice d'inventaire une succession échue au mineur;
  - reprendre telle que, une succession d'abord répudiée et encore vacante;
  - accepter une donation;
  - intenter une action immobilière ou y acquiescer;
  - provoquer un partage;
  - exercer le droit de correction par voie de réquisition. (*Vide supra* — page 23.)

- **avec l'autorisation du conseil et l'homologation du tribunal, il peut**
  - emprunter,
  - aliéner avec publicité,
  - hypothéquer,

  après présentation d'un compte sommaire et seulement s'il y a nécessité absolue ou avantage évident.

- avec autorisation du conseil de famille, avis de trois jurisconsultes et homologation du tribunal, il peut transiger au nom du mineur.

---

(1) Les père et mère, tant qu'ils ont l'usufruit légal, peuvent conserver les meubles, à charge de les rendre en nature. Ils doivent, dans ce cas, faire estimer les objets et rendre la valeur de ceux qu'ils ne pourraient représenter.

De la Tutelle (Suite).

Le tuteur

est comptable de sa gestion

quand elle finit

par la dispense,
par la destitution,
par la mort (1),
} du tuteur;

par la mort,
par la majorité,
par l'émancipation,
} du pupille.

aux époques fixées par le conseil de famille (au maximum une fois par an).

ne peut traiter avec le mineur devenu majeur que 10 jours après la reddition du compte.

Le compte est rendu aux frais du mineur, sauf le cas de destitution du tuteur.

L'action du mineur, relativement

aux faits de la tutelle, se prescrit par 10 ans ;
au compte de tutelle, se prescrit par 30 ans (art. 2262).

Le reliquat

dû par le tuteur, porte intérêt à compter de la clôture du compte ;
dû par le mineur, porte intérêt du jour de la simple sommation de payer.

Le subrogé-tuteur

est adjoint à tout tuteur

légal, sur la demande de ce dernier (2);
nommé par le conseil de famille, dans la même séance ;

a pour mission

d'agir pour le mineur quand le tuteur a des intérêts opposés ;
de surveiller les agissements du tuteur et de provoquer sa destitution s'il y a lieu ;
de provoquer le remplacement du tuteur en cas de vacance de la tutelle (voir *nota* ci-dessous) ;

est choisi, hors le cas de frères germains, dans la ligne à laquelle le tuteur n'appartient pas ;

est nommé sans que le tuteur puisse participer à sa nomination.

(1) Dans ce cas, le compte est rendu par les héritiers du tuteur qui doivent gérer jusqu'à l'entrée en fonctions du nouveau tuteur. (Art. 419.)

(2) Sauf le cas du curateur au ventre qui, aux termes de l'article 393, devient de plein droit subrogé-tuteur de l'enfant lors de la naissance de ce dernier.

Nota : La loi du 27 février 1880 a réglé comme suit l'aliénation des valeurs mobilières appartenant aux mineurs et interdits :

Toute aliénation de cette nature est interdite au tuteur à moins d'une autorisation du conseil de famille ; dès que les valeurs excèdent 1500 francs en capital il est nécessaire d'obtenir l'homologation du tribunal qui statue en dernier ressort, le ministère public entendu.

Le tuteur doit, dans les 3 mois, faire emploi des capitaux en titres nominatifs, et convertir en cette forme les valeurs au porteur. Le conseil de famille peut autoriser une dérogation à cette règle, mais il a le droit d'exiger alors que les titres soient déposés entre les mains d'un tiers ou d'une société.

Le subrogé-tuteur doit surveiller l'accomplissement de ces formalités et provoquer au besoin la réunion du conseil de famille.

Aucune de ces règles n'est applicable à l'administration légale du père de famille, au cours du mariage. (Circ. du Garde des Sceaux du 20 mai 1880.)

CHAPITRE III. — *De l'Emancipation* (ART. 476-487).

Le mineur est émancipé
- de plein droit par le mariage ;
- par le père, ou à défaut, par la mère,
  - s'il est âgé de 15 ans au moins ;
  - par déclaration devant le juge de paix.
- à défaut du père et de la mère,
  - à l'âge de 18 ans au moins ;
  - si le conseil de famille l'en juge capable ;
  - par le juge de paix, président du conseil ;
  - sur la demande
    - du tuteur,
    - d'un ou plusieurs parents au degré de cousin germain ;
    - le juge de paix doit déférer à la réquisition.

Le mineur émancipé
- reçoit du conseil de famille un curateur ;
- seul
  - fait les actes de pure administration,
  - passe valablement les baux n'excédant pas 9 années ;
- avec l'assistance de son curateur,
  - reçoit le compte de tutelle ;
  - intente une action immobilière ou y défend ;
  - reçoit un capital mobilier et en donne décharge.
- avec avis du conseil de famille homologué par le tribunal,
  - emprunte,
  - aliène,
  - hypothèque,
  - etc.,
  - dans les formes prescrites au mineur non émancipé. (Voir *nota* ci-dessous.)

Les obligations contractées par lui sont réductibles par les tribunaux, en cas d'excès ; dans ce cas, l'émancipation peut être révoquée dans les formes suivies pour la conférer. Le mineur retombe alors en tutelle jusqu'à sa majorité.

Est réputé majeur
- le mineur émancipé, commerçant, pour les faits de son commerce,
- le mineur stipulant, dans son contrat de mariage, avec l'assistance de ceux qui ont qualité pour consentir à son mariage.

Nota : **Aux** termes de la loi du 27 février 1880, **les mineurs émancipés au cours d'une tutelle sont astreints aux mêmes formalités que les mineurs en tutelle** au point de vue de l'aliénation de leurs **valeurs** mobilières ; le consentement du curateur reste au contraire suffisant pour les mineurs émancipés soit par le mariage, **soit par leur père au cours de son mariage** (circ. du Garde des Sceaux du 20 mai 1880).

TITRE XI. — Majorité. — Interdiction. — Conseil judiciaire.

CHAPITRES I ET II. — *Majorité et interdiction* (ART. 488-512).

Majeur — individu âgé de 21 ans accomplis, capable de tous les actes de la vie civile, sauf en ce qui concerne le mariage.

L'interdiction

est applicable au majeur qui est dans un état habituel { d'imbécillité, de démence, de fureur ;

est provoquée :
- par tout parent ou par l'époux ;
- par le ministère public { obligatoirement { au cas de fureur, à défaut de parents connus, dans les autres cas ; s'il le juge opportun { dans le cas où les parents s'abstiennent (1).

est prononcée dans les formes suivantes :
- la demande est portée devant le tribunal de première instance ;
- les faits d'imbécillité, démence ou fureur sont articulés ;
- un conseil de famille donne son avis sur l'état de la personne (les demandeurs en interdiction ne peuvent en faire partie, sauf l'époux, l'épouse et les enfants qui y ont voix consultative) ;
- le tribunal interroge ou fait interroger par un juge le défendeur ;
- le tribunal nomme, s'il y a lieu, un administrateur provisoire ;
- la procédure est secrète, le jugement seul est public ;
- le tribunal { rejette purement et simplement la demande, prononce l'interdiction, ou nomme un conseil judiciaire (*vide infra*, page 30);
- le jugement est levé, signifié et affiché dans les 10 jours.

a pour effets :
- la nullité des actes postérieurs au jugement (nullité à réclamer dans les 10 ans qui suivent la mort de l'interdit ou la levée de l'interdiction) ;
- l'annulabilité des actes antérieurs, si la cause de l'interdiction préexistait notoirement.

résulte de plein droit de l'admission dans un asile d'aliénés (Loi du 30 juin 1838) (2).

Les actes faits par un individu décédé ne peuvent être attaqués que { si l'interdiction a été provoquée avant sa mort ; si la preuve de la démence résulte de l'acte attaqué.

Il est donné un tuteur à l'interdit { le mari, de plein droit, la femme, les ascendants et descendants, { pour un temps indéfini ; tous autres individus, avec faculté d'être remplacé au bout de 10 ans ; la nomination est faite comme pour le tuteur du mineur.

Le tuteur a les mêmes pouvoirs que celui du mineur, à part les différences suivantes : { il doit consacrer tous les revenus et, au besoin, une portion du capital à la guérison de l'interdit ; la dot de l'enfant de l'interdit est réglée par avis du conseil de famille homologué par le tribunal.

L'interdiction doit être levée dans les formes exigées pour sa prononciation.

(1) Solution controversée.

(2) Cette interdiction, limitée au temps du séjour dans l'hospice, ne produit pas les effets rétroactifs de l'interdiction judiciairement prononcée.

CHAPITRE III. — *Du Conseil judiciaire* (ART. 513-515 et 499).

Il peut être donné conseil judiciaire

aux individus en état d'imbécillité, de démence ou de fureur,
- que le tribunal a refusé d'interdire ;
- pour lesquels leur famille a demandé cette mesure.

aux prodigues
- par la procédure de l'interdiction ;
- à la demande de ceux qui ont le droit de provoquer l'interdiction.

L'assistance du conseil judiciaire est nécessaire pour
- plaider,
- transiger,
- emprunter,
- recevoir un capital mobilier et en donner décharge,
- aliéner,
- consentir une hypothèque.

Le conseil est nommé par le tribunal.

Il ne rend point de comptes, mais peut être responsable.

LIVRE DEUXIÈME. — DES BIENS ET DES DIFFÉRENTES MODIFICATIONS DE LA PROPRIÉTÉ.

TITRE I. — De la Distinction des Biens (Art. 516-543).

Les biens sont :

immeubles

par nature : le sol et ce qui fait corps avec lui, tels que
- bâtiments,
- moulins à vent ou à eau fixés sur piliers,
- récoltes pendantes par branches et racines — fruits non recueillis ;
- coupes de bois taillis et de futaies non encore abattues ;
- tuyaux servant à la conduite des eaux dans un autre fonds.

par destination : objets affectés par le propriétaire au service d'un fonds, tels que
- animaux attachés à la culture ;
- ustensiles aratoires, semences ;
- pigeons, lapins, poissons ;
- pressoirs, chaudières, alambics, ustensiles divers ;
- tous effets mobiliers attachés par le propriétaire à perpétuelle demeure,
  - scellés avec plâtre, chaux ou ciment, ne pouvant être détachés sans fracture ni détérioration,
  - statues placées dans des niches *ad hoc*.

par l'objet auquel ils s'appliquent
- usufruit des choses immobilières,
- servitudes ou services fonciers,
- actions réelles immobilières (1).

meubles

par nature : tous les corps susceptibles de déplacement
- par eux-mêmes, tels que les animaux ;
- par l'effet d'une force étrangère tels que les corps inertes, les matériaux non agrégés d'un édifice.

par la détermination de la loi
- obligations, actions et valeurs mobilières ;
- rentes sur l'Etat ou les particuliers.
- (Ces dernières sont rachetables aux conditions fixées par le créancier ; — la faculté de rachat ne peut être suspendue pour plus de 30 ans.)

Les particuliers ont la libre disposition de leurs biens, dans les limites de la loi.

Le domaine public comprend
- tout ce dont l'usage est commun à tous (chemins, fleuves, etc.);
- les portes, murs, fossés, fortifications des villes ;
- tous biens vacants et sans maître et les succcessions en déshérence.

Les biens communaux sont ceux à la jouissance ou à la propriété desquels une ou plusieurs communes ont un droit acquis.

---

(1) Une action immobilière peut être personnelle dans certains cas, par exemple celle qui est dirigée contre un entrepreneur s'étant engagé à construire une maison.

TITRE II. — De la Propriété (Art. 544-577).

La propriété est le droit de jouir et de disposer de la manière la plus absolue ;

Ce droit n'est entravé que dans le cas d'expropriation pour cause d'utilité publique (Loi du 3 mai 1841) et par la servitude résultant d'une concession de mines (Loi du 21 avril 1810).

La propriété s'accroît, par droit d'accession, des fruits de la chose et de tout ce qui s'y unit :

Droit d'accession

Sur les fruits
- naturels,
- industriels,
- civils,
- croît des animaux,

à charge de rembourser les labours, travaux et semences faits par des tiers.

les fruits sont acquis au possesseur de bonne foi, c'est-à-dire qui possède
- comme propriétaire,
- en vertu d'un titre dont il ignore les vices.

Sur ce qui s'unit à la chose

Immeubles

les constructions, plantations et ouvrages sont présumés l'œuvre du propriétaire et lui appartiennent ;

s'ils sont faits avec les matériaux d'autrui, le propriétaire doit en payer la valeur, et donner des dommages-intérêts, s'il y a lieu ;

s'ils émanent d'un tiers
- de mauvaise foi : le propriétaire peut les faire supprimer aux frais du constructeur, ou bien rembourser la dépense ;
- de bonne foi (1) : le propriétaire peut payer la plus-value, ou rembourser la dépense ;

l'alluvion et les relais des cours d'eau appartiennent aux riverains ;

les terrains transportés peuvent être réclamés durant un an.

les îles et attérissements formés
- dans les rivières et fleuves appartiennent à l'Etat ;
- dans les rivières non navigables ni flottables, appartiennent aux riverains jusqu'à la moitié du lit.

si un fleuve se déplace, les propriétaires dépossédés prennent le lit abandonné ;

les pigeons qui changent de colombier appartiennent au propriétaire de cet objet, hors le cas de fraude ; même solution pour les lapins et poissons.

Meubles

adjonction de deux choses séparables
- le propriétaire de la chose principale en valeur, volume ou nature, devient propriétaire du tout, sauf dédommagement ;
- la chose de grande valeur, unie à l'insu du propriétaire, peut être réclamée et séparée au détriment de la chose dite principale.

spécification
- le propriétaire de la matière acquiert l'objet nouveau, sauf le cas où la main d'œuvre surpasse de beaucoup la matière ;
- dans les deux cas, il y a indemnité.

mélange
- de choses d'égale valeur : il y a copropriété indivise et licitation ;
- de choses de valeur inégale : le propriétaire de la chose principale peut réclamer le tout, sauf indemnité.

---

(1) A première vue, la situation du constructeur de mauvaise foi semble plus avantageuse ; mais il ne faut pas perdre de vue que le propriétaire, par la menace de la suppression, peut obtenir à l'amiable des concessions très-étendues.

TITRE III. — **Usufruit.** — **Usage.** — **Habitation** (Art. 578-636).

L'usufruit consiste dans le droit

aux services de la chose
- utilité qu'elle peut donner sans être amoindrie ;
- sans indemnité pour les détériorations résultant d'un usage régulier.

aux fruits (produits périodiques de la chose d'après sa destination)

naturels :
- produits spontanés de la terre,
- produits spontanés des arbres,
- croît des animaux,

industriels — obtenus par la culture,

→ acquis, au fur et à mesure de la perception, à celui qui les récolte ;

civils :
- loyers des maisons,
- fermages,
- intérêts des sommes exigibles,
- arrérages des rentes,

→ acquis jour par jour, c'est-à-dire proportionnellement à la durée de l'usufruit ;

à la perception des arrérages d'une rente viagère (portion du capital) ;

à la consommation des choses fongibles soumises à l'usufruit :
- argent,
- grains,
- liqueurs, etc.,

à charge de rendre à la fin de l'usufruit → pareille quantité et qualité ou l'estimation s'il en a été fait une (1).

L'usufruitier peut jouir par lui-même, louer ou céder son droit.

Il n'a aucune indemnité à réclamer pour travaux faits par lui, quelle que soit la plus-value qui en soit résultée pour le fonds (voir l'art. 555).

Obligations de l'usufruitier

faire inventaire avant d'entrer en jouissance ;

donner caution sauf :
- les père et mère ayant l'usufruit légal ;
- tout usufruitier dispensé par l'acte constitutif de l'usufruit.

à défaut de caution :
- les immeubles sont affermés,
- les meubles sujets à dépérissement sont vendus,
- les sommes d'argent sont placées,

→ l'usufruitier a droit aux revenus.

faire exécuter à ses frais les réparations d'entretien. (Les grosses réparations sont à la charge du propriétaire ; — ni le propriétaire, ni l'usufruitier ne sont tenus de rebâtir ce qui est tombé de vétusté ou par cas fortuit.)

acquittement des contributions et charges périodiques du revenu.

paiement des charges de la propriété :
- soit en avançant le capital qui lui est rendu sans intérêt à la fin de l'usufruit ;
- soit en payant au nu-propriétaire l'intérêt de la somme avancée par ce dernier ;

l'usufruitier :
- à titre particulier n'est pas tenu des dettes même hypothécaires ;
- universel, ou à titre universel, y contribue pour sa part ;

il est tenu des frais des procès qui concernent la jouissance ;

il doit exercer les servitudes et dénoncer les usurpations commises ;

il n'est pas tenu des cas fortuits ;

mais l'usufruitier d'un troupeau est tenu de remplacer les bêtes péries par cas fortuit, jusqu'à concurrence du croît ultérieur.

(1) Application de la règle : estimation vaut vente.

Usufruit. — Usage. — Habitation **(Suite).**

L'usufruit s'éteint par
- la mort naturelle de l'usufruitier ;
- l'arrivée du terme ou de la condition ;
- la consolidation ;
- le non-usage pendant 30 ans ;
- la destruction de la chose par cas fortuit ;
- l'abus de jouissance, la renonciation, } sauf le droit d'intervention des créanciers ;
- 30 ans quand il est accordé à d'autres qu'à un particulier.

Les droits d'usage et d'habitation
- sont régis par les mêmes règles que l'usufruit ;
- se règlent par le titre constitutif ;
- à défaut de titre, { l'usager a droit de prendre ce qui est nécessaire pour lui et sa famille ; celui qui a un droit d'habitation peut habiter, lui et sa famille ; mais il ne peut céder ni louer son droit.
- si l'usager perçoit tous les fruits, si l'habitant occupe toute la maison, } ils sont tenus des frais de culture et d'entretien, et des contributions imposées à l'usufruitier.

TITRE IV. — Des Servitudes ou Services fonciers (Art. 637-710).

1° SERVITUDES LÉGALES (1).

Servitudes relatives aux eaux
- le fonds inférieur doit recevoir les eaux déversées par le fonds supérieur ;
- celui dans la propriété duquel existe une source peut en user comme bon lui semble, sauf le cas où l'eau est nécessaire aux habitants d'un village ;
- le riverain d'une eau courante peut en user à son passage, c'est-à-dire sans en changer le cours ;
- celui dont la propriété est traversée par une eau courante peut en user à volonté, à charge de la rendre à son cours ordinaire ;
- tout propriétaire ayant droit de disposer d'une eau peut obtenir de l'amener sur ses propriétés à travers les héritages voisins. (Loi du 29 avril 1845) ;
- tout propriétaire incommodé par des eaux nuisibles peut les faire écouler à travers les fonds voisins (même Loi) ;
- tout riverain peut appuyer un barrage sur la rive opposée afin d'élever l'eau jusqu'à sa propriété. (Loi du 11 juillet 1847) ;
- tout propriétaire dont le fonds est détérioré par la stagnation des eaux souterraines peut les faire écouler à travers les fonds voisins par le drainage. (Loi du 10 juin 1854.) (2)
- (Ces quatre dernières servitudes ne sont établies que moyennant indemnité.)

Tout propriétaire peut
- contraindre son voisin au bornage à frais communs ;
- enclore son fonds s'il n'est soumis à aucun droit de passage.

La mitoyenneté de mur
- est présumée, sauf marque contraire ;
- oblige les voisins à contribuer à l'entretien, sauf le cas de renonciation ;
- peut être réclamée par tout propriétaire joignant un mur ;
- peut être imposée dans les villes et faubourgs ;
- donne droit de faire bâtir contre le mur et d'y appuyer des poutres ;
- ne s'applique à la partie exhaussée que si le voisin le demande.

Haies et fossés mitoyens : mêmes règles que ci-dessus. (Loi du 20 août 1881.)

Plantations d'arbre
- ne peuvent se faire à moins de 2 mètres de la ligne de séparation pour les arbres à haute tige, ou de 50 centimètres pour les autres arbres ;
- le voisin peut
  - faire couper toute branche qui dépasse (3),
  - couper lui-même les racines qui pénètrent dans son fonds.

Ouvrages nuisibles — Les distances à observer sont indiquées par les règlements spéciaux et les usages locaux.

Jour à fer maillé et verre dormant peut être pratiqué dans un mur non mitoyen
- à 8 pieds au-dessus du sol pour le rez-de-chaussée,
- à 6 pieds pour les autres étages ;

Vues
- droites et balcons — doivent être a six pieds de distance de l'héritage voisin ;
- obliques — peuvent être à deux pieds de distance.

L'égout des toits ne peut se déverser sur le fonds du voisin.

Un droit de passage peut être réclamé moyennant indemnité par tout propriétaire dont le fonds est enclavé, ou qui n'a qu'une issue insuffisante. (Loi du 20 août 1881.)

---

(1) Sous cette désignation sont réunies les deux catégories de servitudes indiquées par le code comme « dérivant de la situation des lieux » et « établies par la loi ».

(2) Une loi du 21 juin 1865 autorise les propriétaires à se réunir en associations syndicales.

(3) La loi du 20 août 1881, tranchant une ancienne controverse, décide que les fruits tombés sur la propriété du voisin lui appartiennent, et que l'arbre planté en deçà de la distance légale et maintenu en vertu de la prescription ne peut être remplacé s'il vient à périr.

2° SERVITUDES ÉTABLIES PAR LE FAIT DE L'HOMME.

Les servitudes

continues et apparentes s'acquièrent
- par titre,
- par la prescription de 30 ans,
- par la destination du père de famille.

continues et non apparentes ou discontinues
- s'acquièrent seulement par titre constitutif qui ne peut être remplacé que par un titre récognitif.

L'entretien des ouvrages nécessaires à la servitude est à la charge de celui qui en bénéficie, à moins de stipulation contraire.

Le propriétaire du fonds servant peut toujours se libérer en abandonnant le fonds.

Si le fonds dominant est divisé ultérieurement, la servitude ne peut être aggravée par suite de cette division.

Les servitudes s'éteignent
- par l'impossibilité d'user jointe à la prescription trentenaire (1);
- par la consolidation;
- par le non-usage pendant 30 ans
  - à compter du dernier acte, pour les servitudes discontinues,
  - à compter d'un acte contraire, pour les servitudes continues;
- la jouissance d'un des copropriétaires du fonds dominant conserve le droit des autres;
- il en est de même de la présence d'un copropriétaire contre lequel la prescription ne peut courir.

_____

(1) L'extinction par changement d'état n'est pas une extinction réelle, mais bien plutôt une suspension d'exercice de la servitude dont la jouissance reste intacte, puisqu'elle est susceptible de renaître tant qu'il ne s'est pas écoulé le temps nécessaire à la prescription par non-usage.

FIN.

Bar-le-Duc. — Typ. Schorderet et Cᵉ